Construyendo Alg Numéricos

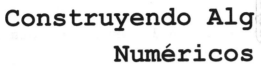

Mariano Pagés

Todos los derechos sobre la presente obra son del autor.

Contenido

Introducción

Después de escribir mi anterior libro "Algoritmos a tu alcance", consideré interesante complementarlo con éste donde mostraré algoritmos resueltos, con el fin de ser comprendidos y demostrados por el lector.

Si bien en el otro libro señalo que para aprender a resolver problemas y construir algoritmos no existe mejor camino que ponerse manos a la obra, la idea se completa visualizando algunas soluciones encontradas por otras personas.

En mis clases siempre suelo hacer referencia al malabarista callejero. Todos hemos visto muchos de ellos. Sin embargo, no aprenderemos a hacer malabarismos hasta no tomar las pelotitas con nuestras propias manos e intentarlo en forma insistente y sistemática. No es otra cosa que aquello a lo que llamamos "práctica".

Continuando con el mismo razonamiento, de todos modos, es importante ver, más allá de la teoría, de qué manera vuelan las pelotitas por el aire, la posición de las manos, dónde se concentra la mirada, y es por ello que justifico la necesidad de muchos, de ver algoritmos ya resueltos, que sirvan como fuente de ideas, de inspiración, para poder construir los propios.

Así como cuando comenzamos a andar en bicicleta, es necesario un pequeño empujón para luego poder llegar a niveles de destreza que pueden sorprender, aquí encontrarás ese pequeño primer empujón, de la mano de unos cuantos algoritmos numéricos básicos.

La secuencia que encontrarás, será la de un enunciado a un problema, seguido de alguna explicación eventual sobre el razonamiento de la solución, y el algoritmo escrito en el pseudocódigo que ya utilizáramos en "Algoritmos a tu alcance".

Las pruebas de los algoritmos, que explicaré brevemente como realizarlas, te ayudarán a su comprensión y análisis. Siempre resulta útil ver la solución planteada por otros.

Tu desafío será entonces, poner a prueba lo escrito en las siguientes páginas, y lograr resolver algunos desafíos que planteo en cada sección, para así poder sentir que puedes construir tus propios algoritmos, expresarlos en un pseudocódigo y probar que por fin funcionan.

Que lo disfrutes.

El Pseudocódigo

En este capítulo, tomado y adaptado de "Algoritmos a tu alcance", veremos una manera adecuada y conveniente de representar nuestros algoritmos a través de un pseudocódigo, que luego serán traducidos a algún lenguaje de programación, con el objetivo de ser ejecutados por una computadora.

Aquí definiremos nuestra caja de herramientas, la que usaremos para construir todos los algoritmos.

Nuestra tarea, entonces, será la de representar nuestros algoritmos usando una herramienta que permita su traducción posterior a un lenguaje de programación, ya sea por nosotros mismos o por un programador.

El pseudocódigo es una herramienta textual basada en el lenguaje natural. Se trata de instrucciones escritas en un lenguaje natural, pero con un conjunto reducido de palabras, y con un acotado número de verbos, que permiten evitar las ambigüedades. Si bien existen distintas versiones de pseudocódigo, nosotros nos basaremos en una en particular que definiré especialmente para que nosotros nos comprendamos, y resulta ser muy similar a la usada en "Algoritmos a tu Alcance".

Para ello, transcribiré las mismas palabras ya usadas en su definición, para que no sea necesario tomarlas de otro texto, de modo que este libro sea autosuficiente en sus objetivos.

Previo a presentarles el pseudocódigo que nos acompañará en la representación de nuestros algoritmos, es necesario conocer el concepto de variable.

"Una variable es una porción de memoria identificada por un nombre, capaz de almacenar un dato, cuyo valor va a permanecer inalterado hasta tanto sea modificado".

Una variable, en el contexto de nuestro pseudocódigo, podrá almacenar un número, cualquiera sea tu tipo, un texto, o cualquier dato simple. Podemos hacer una analogía entre un dato simple y cualquier dato que podemos usar para llenar un casillero de cualquier formulario.
A los fines didácticos, trabajaremos mayormente con variables numéricas.

Veamos las distintas tareas elementales y su correspondiente expresión en pseudocódigo.

Antes de comenzar, nos pondremos de acuerdo en algunas cuestiones de notación:

- Cada tarea elemental recibirá el nombre de instrucción, y estará representada por una o más palabras, cada una de las cuales recibe el nombre de "palabra clave".

- Las palabras claves, que indican acciones en los algoritmos las escribiremos con minúsculas.
- Al describir la sintaxis de cualquier instrucción, encerraremos entre <> el texto que debamos agregar.

- Las variables las escribiremos en mayúsculas, y pueden tener cualquier cantidad de letras, aunque generalmente usaremos solo una.

Entrada de datos

    ingresar <lista de variables>

La instrucción correspondiente a la entrada de datos, representa la tarea de pedir un dato y almacenarlo en una variable. Si en lugar de una variable ponemos más de una, cada dato ingresado se asignará en la variable correspondiente según su orden. Si fuera un programa ejecutándose en una computadora, la ejecución se detiene y espera a que el operador ingrese los datos requeridos.

Por ejemplo:

ingresar A

Pide un dato y su valor es almacenado en la variable A

Veamos otro caso:

ingresar A, B, X

Pide tres datos, y se almacenan correspondientemente en las variables A, B y X

Asignación

<variable> = <expresión>

Esta instrucción representa la tarea elemental de asignar a una variable, el resultado de una expresión determinada. Dicha expresión puede ser una variable, una constante, o cualquier combinación de variables y constantes vinculadas a través de distintos operadores. La palabra clave aquí parece ausente, pero en realidad es el signo =. Siempre a la izquierda hay que colocar la variable que recibe el resultado de la expresión de la derecha.

Los operadores que vamos a utilizar son los
siguientes:

Operador	Descripción
+	Suma
-	Resta
*	Multiplicación
/	División
\	División entera
**	Potencia
mod	Resto de la división entera

El uso de paréntesis está permitido para
definir el orden de ejecución de las
operaciones si es necesario.

Quizás la función mod merezca una explicación
adicional:

Si dividimos dos números enteros, obteniendo
como resultado otro entero, el resto de esa
división es lo que llamaremos mod. Por
ejemplo, si dividimos 25 entre 7, el resultado
entero es 3 y el resto de dicha división es 4.
Por lo tanto 25 mod 7 daría como resultado 4.

Ejemplos de instrucciones de asignación:

Instrucción	Operación
A=5	Asigna 5 a la variable A
A=B	Asigna el valor de la variable B a la variable A
C=C+1	Incrementa en 1 el valor de la variable C
D=X mod 10	Asigna a D el resto de dividir X por 10
C=A*(X+Y)	Asigna a C el resultado de X+Y multiplicado por el valor de la variable A

Siempre la variable que recibirá el resultado de la expresión es la que colocamos del lado izquierdo. De este modo, en el segundo ejemplo sabemos que es A la variable que está siendo modificada asignándole el valor de la variable B, y no al revés.

mostrar <lista de expresiones>

La instrucción de salida es la que permite mostrar los resultados, a través de la evaluación de expresiones. La salida puede ser una constante, un mensaje textual, una expresión matemática como las usadas en los bloques de asignación, o una combinación de todas ellas.

Ejemplos de bloques de salida

Instrucción	Operación
mostrar A	Muestra el valor de la variable A
mostrar A,B	Muestra los valores de las variables A y B
mostrar S/N	Muestra el resultado de dividir S por N
mostrar "No tiene solución"	Muestra el mensaje "No tiene solución"

Con las instrucciones presentadas hasta ahora, podemos intentar resolver algunos de los problemas conocidos que ya se han planteado en capítulos anteriores.

Comencemos por el monito, y lo reemplacemos por una computadora. Debemos entonces construir un diagrama, que permita a algún programador, escribir un programa ejecutable por una computadora, en un determinado lenguaje.

El primer problema que resolvimos con el monito fue el de sumar dos números. Como ya tenemos resuelto el problema, lo único que tenemos que hacer es adaptar la representación del algoritmo a través del pseudocódigo que acabamos de presentar.
Las tareas que debemos realizar son las siguientes:

-Ingresar dos números
-Sumarlos
-Mostrar el resultado

Una versión en pseudocódigo del problema, como representación del algoritmo, sería la siguiente:

```
ingresar A
ingresar B
S = A + B
mostrar S
```

Expliquemos que es todo esto con un ejemplo. Supongamos que queremos usar este algoritmo para sumar los números 5 y 9. La primera instrucción es "ingresar A", que corresponde a nuestro primer dato, por lo tanto, lo que conseguimos es darle a la variable A el valor 5, que sería uno de los datos que tendría que sumar. La instrucción siguiente es "ingresar B", entonces ahí ingresaríamos nuestro segundo dato, que es el número 9, y se lo asignamos a la variable B. Hasta aquí tenemos a la variable A con el valor 5 y a la variable B con el valor 9. La siguiente instrucción es "S=A+B", o sea, una operación de asignación que coloca en la variable S el valor de la suma de A y B, en este caso quedaría el número 14 almacenado en S. La última instrucción es "mostrar S", con lo que conseguimos mostrar el resultado de S, que es justamente 14, o sea la suma de nuestros datos 5 y 9.

¿Podemos resolverlo así?

```
ingresar A,B
S= A+B
mostrar S
```

¿Y así?

```
ingresar A,B
mostrar A+B
```

¿Cuál es correcta? ¡Todas!

¿Cuál es mejor? Depende. Las dos primeras son más expresivas. La tercera versión es más corta y pareciera más eficiente, pero no es muy clara. Es mejor en estas instancias iniciales, sacrificar un poco de eficiencia en beneficio de la claridad de los algoritmos.

Si no se tratara de sumar dos números y éstos fueran 3, la solución sería muy parecida, y las alternativas también. Por ejemplo:

```
ingresar A,B,C
D = A+B+C
mostrar D
```

¿Y si fueran 4?

```
ingresar A,B,C,D
S = A+B+C+D
mostrar S
```

¿Y si fueran N números?

Todavía no tenemos los elementos necesarios para sumar una lista larga de números, o una lista de un número variable de elementos, pero pronto podremos hacerlo.

Decisiones

Siguiendo el mismo camino recorrido en la primera parte del libro, es el momento de incorporar de alguna forma el concepto de decisión a nuestros diagramas. Sabemos a esta altura que las decisiones son importantes dentro de muchos de nuestros algoritmos, es por eso que debemos contar con una instrucción que las represente de una manera adecuada. Para ello usaremos las palabras "si" y "sino". La palabra "si" siempre irá seguida de una condición, que tendrá un resultado verdadero o falso. Si resulta la condición verdadera, entonces se ejecutarán las tareas o instrucciones que debemos realizar en dicho caso. Al contrario, si la condición resulta falsa, se ejecutará otro grupo de tareas elementales o instrucciones diferentes.

```
si <condición> entonces
    <instrucciones si la condición es
verdadera>
sino
    <instrucciones si la condición es
falsa>
```

Donde la condición es expresada a través de operadores relacionales y lógicos, que se representan de la siguiente manera:

Operador	Descripción
=	Igual
>	Mayor
<	Menor
>=	Mayor o igual
<=	Menor o igual
<>	Distinto
^	Conjunción lógica, AND, o simplemente Y
v	Disyunción lógica, OR, o simplemente O
~	Negación lógica, NOT, o simplemente NO

Las instrucciones, o tareas elementales, correspondientes a la condición verdadera pueden contener **una** o varias instrucciones de cualquier tipo.

Las instrucciones, o tareas elementales, correspondientes a la condición falsa, pueden contener **cero** o varias instrucciones de cualquier tipo. Esto significa que en algunos casos puede no existir la cláusula "sino".

Para que queden claramente determinados los bloques de instrucciones, se utiliza el concepto de "indentación o sangrado", que consiste en escribir las instrucciones con una alineación a la derecha, mediante la utilización de la inserción de espacios en blanco o del uso del tabulador. La palabra "indentación" es un anglicismo de la palabra "indentation", que, si bien no está reconocida como palabra en español, es muy usada en informática, como suele suceder con muchos términos en esta disciplina. En nuestro caso, usaremos 4 espacios en blanco como indentación, para determinar las instrucciones que quedan bajo el efecto del "si" o del "sino".

Ejemplos de decisiones

Dados dos números distintos, mostrar el valor del mayor.

El problema es simple de comprender: debemos mostrar el valor del mayor de dos números que sabemos que son distintos, por lo tanto, sabemos que uno de ellos es mayor. Si fueran iguales, ¿cuál sería el mayor? Posiblemente la respuesta razonable sea "ninguno", también puede ser "cualquiera", pero el problema pide mostrar el valor del mayor, por lo que si fueran iguales bastaría con mostrar el valor de cualquiera de ellos. En estos casos, para evitar filosofar sobre cuestiones que no son relevantes, conviene que la consigna aclare bien que es lo que debe hacerse. Para salvar este inconveniente, el enunciado dice "números distintos", y asunto resuelto. Otra manera de resolverlo sería modificando el enunciado: "Dados dos números, mostrar el mayor. Si son iguales mostrar el valor de cualquiera de ellos". Así deben enunciarse los problemas, para que su forma de expresión no sea un problema adicional que debemos resolver. Siempre un enunciado debe ser claro, y no debe admitir ambigüedades.

Volviendo a nuestro problema y siguiendo la metodología propuesta en el capítulo anterior, los datos o insumos del problema son dos números, que llamaremos A y B.

El resultado esperado es el valor del mayor entre A y B.

Un modelo de solución, podría ser:

Si A > B entonces hacer M=A, sino M=B, y luego mostrar el valor de M

Es bueno recordar que el momento de modelar una solución, es el momento creativo del proceso. Aquí podemos analizar alternativas, podemos no estar de acuerdo, pero lo importante es que lleguemos a una solución correcta. En el caso del modelo de solución propuesto, aparece una variable M, donde pondré el valor del mayor entre A y B, para luego mostrar M.

El algoritmo expresado en nuestro pseudocódigo quedaría de la siguiente manera:

```
ingresar A y B
si A > B
    M=A
sino
    M=B
mostrar M
```

Algoritmo para determinar el mayor de dos números diferentes, primera versión

Otra solución posible sería modificando el modelo de solución:

Si B>A entonces hacer A=B, y luego mostrar A

Parece más simple, porque es más breve, no aparece la variable M, pero ¿es correcta esta solución?

Esta solución propone que, si B es mayor que A, entonces en A coloquemos el valor de B, por lo tanto, en A quedará el mayor, pero perdiendo el valor que tenía antes A, cosa que no nos importa en este contexto. Si la condición no se cumple, o sea que B no sea mayor que A, no se hace nada, porque justamente A es mayor que B. Al final de cuentas, siempre en A quedará el valor del mayor, por lo que solo debo mostrar cuánto vale A.

¿Brillante? No diría tanto. Quizás ingenioso, ahorrativo, un algoritmo avaro, que mezquina recursos a costa de perder claridad. De todos modos, es correcto y puede usarse.

El diagrama correspondiente quedaría así:

```
ingresar A y B
    si B>A
 A=B
     mostrar A
```

Algoritmo para determinar el mayor de dos números diferentes, segunda versión

Como se ve en el algoritmo, si la condición es falsa no se debe hacer nada, y de ese lado no existen instrucciones, por lo tanto, no existe la cláusula "sino" de la condición.

Modifiquemos levemente el enunciado: Dados dos números, mostrar el mayor. Si fueran iguales, mostrar un mensaje que diga "son iguales".

Los datos son los mismos, pero el resultado esperado es diferente, porque puede aparecer un mensaje diciendo que los números son iguales.

Un modelo de solución podría ser el siguiente:

Si A=B mostrar "son iguales", sino Si A>B mostrar A, sino mostrar B

El algoritmo, en consecuencia, podría quedar así:

```
ingresar A, B
si A=B
    mostrar "son iguales"
sino
    si A>B
        mostrar A
    sino
        mostrar B
```

Algoritmo para mostrar el mayor de dos números, pudiendo ser iguales, primera versión

Nótese el uso de la indentación o sangría para determinar las instrucciones que deben ejecutarse en cada caso.

Otra solución posible sería:

```
ingresar A, B
si A=B
    mostrar "son iguales"
si A>B
    mostrar A
si B>A
    mostrar B
```

Algoritmo para mostrar el mayor de dos números, pudiendo ser iguales, segunda versión

¿Cuál es mejor? Sin dudas la primera versión, porque es clara y eficiente. Realiza la menor cantidad de preguntas sin perder claridad. De todos modos, el gusto es subjetivo.
La segunda versión puede realizar preguntas innecesarias. ¿Por qué? Es un tema interesante para discutir:

Evaluando la primera condición, ya sabríamos si A=B. Si esto ocurre muestra el mensaje correspondiente. Sin embargo, la ejecución continúa, preguntando innecesariamente si A>B y si B>A, sabiendo que esto no ocurrirá.
Por otro lado, si A no fuera igual a B, pero A>B fuera verdadero, mostraríamos el valor de A, pero después, de manera igualmente innecesaria, preguntaríamos si B>A.
En el último caso, si B fuera mayor que A, llegaríamos a la condición verdadera en la tercera pregunta, que también resulta innecesaria, porque si A no es igual a B ni mayor, seguramente B es mayor que A.
Obviamente esto demuestra que el algoritmo no es eficiente, pero es de todos modos correcto.

Aquí tratamos con un problema muy simple, pero lo interesante del análisis de las soluciones propuestas, podría llevarnos a las raíces de la inteligencia artificial. ¿Es para tanto? Bueno, a la semilla, más que a las raíces. Sin entrar en muchos detalles, aquí tenemos dos números que son nuestros datos, a medida que preguntamos cosas sobre ellos vamos "aprendiendo" características, hechos. En la solución inicial, primero preguntamos si A es igual a B, si esto no ocurre, solamente preguntamos cómo es A con respecto a B, ya que sabemos que no son iguales y existe un mayor. En el segundo caso, no aprovechamos el conocimiento adquirido sobre los datos, y cuando llegamos a preguntar si A es mayor que B, el algoritmo no usa el resultado de la pregunta anterior, como si se "olvidara" instantáneamente de algo que debería saber. Utilizando esa idea, podemos hacer algoritmos más eficientes, y más "inteligentes".

De todos modos, insistimos que en esta instancia no pretendemos construir los algoritmos más eficientes, sino simplemente correctos. Sin embargo, daré mi opinión sobre las distintas soluciones a fin de justificar un criterio de "solución eficiente".

Ejercicio propuesto para el lector:

Determinar el mayor de 3 números.

Piense en la versión inteligente y en la "amnésica", que no aprovecha el conocimiento adquirido.

En la primera parte del libro, cuando tratábamos los conceptos de resolución de problemas y algoritmos, se había planteado un problema que consistía en ordenar 4 cartas de menor a mayor. ¿Podríamos usar ese algoritmo para construir un diagrama que ordene 4 números de menor a mayor? Seguramente sí.

Para facilitar las cosas, voy a transcribir a continuación el algoritmo de la primera parte, sólo para evitar ir a buscarlo unas cuantas páginas atrás:

- Ubique las 4 cartas desordenadas en los cuatro lugares A, B, C y D
- Si la carta en A es mayor que la carta en B, intercambiarlas
- Si la carta en A es mayor que la carta en C, intercambiarlas
- Si la carta en A es mayor que la carta en D, intercambiarlas
- Si la carta en B es mayor que la carta en C, intercambiarlas
- Si la carta en B es mayor que la carta en D, intercambiarlas
- Si la carta en C es mayor que la carta en D, intercambiarlas

El único problema es que la tarea "intercambiar" no existe en nuestra caja de herramientas formada por las instrucciones dadas, en consecuencia, tendremos que armar un nuevo algoritmo para intercambiar el valor de dos variables, ya que no es una tarea elemental.

El problema es análogo a intercambiar el contenido de dos vasos. ¿Cómo lo haría usted? Es probable que necesite un tercer vaso auxiliar para poder hacer lo siguiente:

- Verter el contenido del vaso A en el vaso auxiliar
- Verter el contenido del vaso B en el vaso A
- Verter el contenido del vaso auxiliar en el vaso B

Problema resuelto. Dependiendo de los líquidos de los vasos quizás haya hecho falta enjuagarlos antes de ejecutar cada paso, pero por suerte las variables no necesitan enjuague.

Hecho esto con variables, y llamando a la auxiliar como variable X, la solución sería así

```
X = A
A = B
B = X
```

Algoritmo para intercambiar el contenido de dos variables

Traducido a un algoritmo con 4 variables A, B, C y D, con X como auxiliar, y teniendo en cuenta el algoritmo de intercambio de variables, quedaría de la siguiente forma:

```
Ingresar A,B,C,D
si A>B
    X=A
    A=B
    B=X
si A>C
    X=A
    A=C
    C=X
si A>D
    X=A
    A=D
    D=X
si B>C
    X=B
    B=C
    C=X
si B>D
    X=B
    B=D
    D=X
si C>D
    X=C
    C=D
    D=X
Mostrar A,B,C,D
```

Algoritmo para ordenar cuatro números

¿Un poco tedioso? Tuvimos que hacer 6 preguntas y 6 intercambios. Eso sólo con 4 números. Estimo que con 5 números serían 10, con 6 números 15, y con 10 números 45. Eso provocaría diagramas extremadamente largos, sólo para pocos números. La razón es que esta forma de resolver el problema utiliza más la "fuerza bruta" que la inteligencia.

¿Qué pasaría si tuviéramos que ordenar N números? Existen muchos algoritmos que resuelven este problema de manera quizás más simple, o al menos más corta, y seguramente más inteligente, pero todavía no contamos con los elementos necesarios para construirlos, y los estudiaremos más adelante.

Ciclos o Iteraciones

Para la resolución de muchos problemas es necesario contar con la posibilidad de realizar un conjunto de tareas en forma repetitiva, a las que llamaremos "ciclos".

Los ciclos los representaremos a través de pseudocódigo de la siguiente manera:

repetir mientras <condición>
    <instrucciones del cuerpo del ciclo>

Donde <condición> es una expresión relacional y/o lógica, con resultado verdadero o falso, bajo la cual se ejecutará el cuerpo del ciclo. Al igual que en el bloque de decisión, las instrucciones que componen el cuerpo del ciclo pueden ser una o varias. Incluso dentro de dicho cuerpo puede haber otro ciclo, condiciones, o cualquier instrucción de cualquier tipo y puede ser tan simple o tan complejo como sea necesario.

Enunciado del problema: Mostrar los números naturales del 1 al 10

Los datos del problema están representados por los límites del intervalo de números naturales que debemos mostrar. En este caso 1 y 10

Para ello deberíamos tomar una variable, asignarle el valor 1, mostrar su valor y luego incrementarla, mientras no se pase de 10. Claramente las tareas repetitivas son mostrar e incrementar.

Veamos cómo quedaría el algoritmo expresado en nuestro pseudocódigo:

```
V=1
repetir mientras V<10
    mostrar V
    V=V+1
```

Algoritmo que muestra los números naturales del 1 al 10

Ciclos controlados por una variable

Cuando tenemos que realizar tareas repetitivas, a menudo nos encontramos con un caso particular en que el número de veces que el cuerpo del ciclo se debe repetir depende solamente del valor de una variable que recibe incrementos fijos en cada iteración.

Muchos lenguajes tomaron nota de esto, y crearon instrucciones específicas para que la programación de estos casos sea más simple.

En realidad, no se trata de nada nuevo que no podamos resolver de la forma que ya sabemos, pero para representar estos casos vamos a usar una nueva instrucción, o más bien, una modificación de la instrucción "repetir", y de esta manera darle soporte con nuestro pseudocódigo a lo que la mayoría de los lenguajes plantean.

La forma propuesta es la siguiente:

repetir para <variable> = <valor inicial> incremento <incremento> hasta <valor final>

Tanto <valor inicial> como <incremento> y <valor final> pueden ser valores constantes, el valor de una variable, o expresiones en general

Es importante resaltar que todas las variables que intervienen en esta sentencia no deben ser modificadas en el cuerpo del ciclo, sino que serán modificadas automáticamente según el valor determinado en el argumento <incremento>.

Su funcionamiento es el siguiente:

1) La variable toma el valor inicial y se verifica que no haya superado el valor final, sino termina el ciclo.
2) Se ejecuta el cuerpo del ciclo
3) Se incrementa automáticamente la variable con el valor del incremento
4) Se vuelve al paso 1

El funcionamiento descripto corresponde a ciclos con valores ascendentes. Si el valor final fuera menor que el valor inicial, el incremento debería ser un valor negativo. Si queremos "contar para atrás", el paso 1 se modificaría evaluando que el valor inicial no resulte menor al valor final.

Anteriormente habíamos visto un algoritmo para mostrar los 10 primeros números naturales.

Este es un caso típico en el que podemos usar un ciclo controlado por una variable. Con nuestra nueva instrucción quedaría de la siguiente forma:

```
repetir para V=1 incremento 1 hasta 10
     mostrar V
```

Algoritmo para mostrar los 10 primeros números naturales con ciclos controlados por una variable

Variables indizadas

Para aquellos problemas donde necesitemos almacenar en memoria listas completas de números, usaremos variables indizadas, o vectores.

¿Cuándo necesitamos usar vectores? En los siguientes escenarios:

1) Se necesita acceder a elementos de la lista en un orden diferente al que fueron ingresados, o en un orden absolutamente aleatorio.

2) Se necesita acceder varias veces a los elementos de la lista.

Si la variable tiene dos subíndices, recibe el nombre de matriz, y sirve para operar con tablas.
Las variables pueden tener más índices, pero a efectos de este libro, trabajaremos con variables de un subíndice, porque resulta suficiente para ilustrar el concepto, sin

entrar en complejidades algorítmicas innecesarias.

Veamos entonces, el caso particular de una variable con un solo subíndice, que nos resulta suficiente para trabajar con nuestras listas de números.

Un vector, entonces lo representaremos de la siguiente manera:

<variable>[<subíndice>]

Donde el subíndice es una expresión que da como resultado un número que indica la posición dentro de la lista o vector. Obviamente nos interesa la parte entera del resultado de dicha expresión, porque justamente como su nombre lo indica, dicho valor representa la posición del elemento dentro del vector.

Ejemplo del uso de vectores

Supongamos que tenemos el vector V, que va a contener 5 elementos. Entonces tendríamos 5 variables identificadas de la siguiente manera:

V[1], V[2], V[3], V[4] y V[5]

Haciendo la analogía con las cajitas que representan las variables, podemos decir que tenemos entonces cinco cajitas, que todas se llaman V, pero cada una de ellas se identifica con un número.

Ese número puede estar dado por una expresión, por ejemplo:

V[5-2] representaría al elemento V[3]
V[H] dependerá del valor de la variable H
V[J+K+1] dependerá de los valores de J y de K.

Si tenemos una lista de N números y queremos almacenarla en un vector que llamaremos L, podemos hacerlo con el siguiente algoritmo:

```
ingresar N
repetir para I=1 incremento 1 hasta N
    ingresar L[I]
```

Algoritmo para ingresar un vector o lista de tamaño N

La variable N tomará el tamaño de la lista, cuando comienza el ciclo la variable I tomará el valor 1, por lo que al ejecutarse la instrucción ingresar L[I], en realidad estaremos ingresando un valor para L[1], luego I se incrementa y en la segunda pasada por el ciclo valdrá 2, entonces ingresaremos un valor para L[2], y así de manera continua, hasta tener la lista completamente ingresada en el vector L.

```
ingresar N
repetir para I=1 incremento 1 hasta N
    ingresar L[i]
```

Algoritmos con variables simples

Veamos algunos algoritmos que pueden resolverse usando variables simples. En algunos casos plantearé soluciones alternativas, algunas de ellas pueden resultar extrañas, sin embargo, en todos los casos funcionalmente correctas. Aquí sólo se incluye la solución expresada en pseudocódigo, aunque recuerdo y sugiero que siempre deben seguirse todos los pasos necesarios para resolver un problema. Para que la experiencia sea completa, el lector debería ejecutar la prueba de cada algoritmo, a través de una prueba de escritorio.

Algún ejemplo de los que aparecerán en este capítulo ya fueron tratados en la presentación del pseudocódigo. Con el objeto de contar con todos los ejemplos en este capítulo es que los repetiré, total o parcialmente.

Sumar dos números

Comenzaremos con un problema muy simple que podría enunciarse así: "Dados dos números naturales, mostrar el resultado de su suma".

Si bien nuestro pseudocódigo no distingue entre distintos tipos de datos, como pueden ser números naturales, enteros o reales, es importante que el enunciado indique de qué se trata, porque en algunos casos esto puede afectar al algoritmo. No es éste el caso, pero ya lo advierto y oportunamente veremos cuándo será relevante.

Una solución posible para este problema podría ser:

```
ingresar A
ingresar B
C = A+B
mostrar C
```

Veamos otra solución:

```
ingresar A,B
mostrar A+B
```

¿Otra más?

```
ingresar A
X=A
```

```
ingresar A
Y=A
Z=X+Y
mostrar Z
```

Esta última solución resulta al menos rebuscada. Por única vez, y a modo de ilustración, veremos cómo se hace una prueba de escritorio, usando este último ejemplo.

Para ello haremos una tabla, donde cada columna representa cada variable usada en el algoritmo, y agregamos una columna adicional "salida", para ver los resultados.

Debemos elegir un conjunto de datos de prueba. En este caso necesitamos dos números naturales. Tomaremos 5 y 7.

En el caso del ejemplo, la prueba de escritorio quedaría así:

A	X	Y	Z	Salida
5				
	5			
7				
		7		
			12	
				12

En este caso, cada fila de la tabla representa una instrucción diferente en el algoritmo. El valor que tomaremos por válido para una variable es el último que le sea asignado.

Podríamos resumir la tabla, evitando los espacios en blanco en cada columna, de la siguiente manera:

A	X	Y	Z	Salida
5	5	7	12	12
7				

El uso de la tabla de prueba depende de tus preferencias. Yo me acostumbré a la segunda forma, que ahorra espacio.

Determinar el mayor de dos números distintos

Aquí tampoco es necesario enunciar de qué tipo son los números, por lo tanto, no lo hacemos. Sólo sabemos que son diferentes, y eso nos evita la discusión que se refiere a cuál es el mayor entre dos números iguales.

El algoritmo sería el siguiente:

```
ingresar A,B
si A>B
    mostrar A
sino
    mostrar B
```

Determinar el mayor de dos números

En este ejemplo, los números pueden ser iguales, en cuyo caso, también a modo de esquivar las discusiones filosóficas, diremos que son iguales si corresponde, quedando así la solución:

```
ingresar A,B
si A>B
  mostrar A
sino
  si A=B
    mostrar "Son iguales"
  sino
    mostrar B
```

Determinar el mayor de tres números distintos

Veamos un algoritmo que resuelve este problema a través de la "fuerza bruta". Llamamos así a los algoritmos que evitan el uso eficiente de los recursos y la inteligencia, decantándose por la sencillez, aunque el camino sea más largo. Un ejemplo extremo del empleo de la fuerza bruta sería buscar una palabra en el diccionario leyendo una por una desde el comienzo hasta encontrarla. Es un largo camino, que lleva tiempo, pero más fácil de explicar que el método que usualmente aplicamos.

```
ingresar A,B,C
si A>B ^ A>C
   mostrar A
si B>A ^ B>C
   mostrar B
si C>A ^ C>B
   mostrar C
```

No parece muy complicado, pero claramente la ejecución del algoritmo no termina hasta el final, por más que el mayor sea A, preguntando innecesariamente si puede ser B o C. O sea, si la primera condición es verdadera no tiene ningún sentido continuar, sin embargo, este algoritmo insiste.

En otro planteo más racional de la solución, es conveniente armar una especie de árbol de decisiones, donde se presenten las distintas alternativas posibles de manera excluyente.

```
ingresar A,B,C
si A>B
   si A>C
      mostrar A
   sino
      mostrar C
sino
   si B>C
      mostrar B
   sino
      mostrar C
```

De esta manera, una sola rama de decisiones es la correcta, para todas las combinaciones de A, B y C.

Mostrar los divisores de un número natural

En este caso es relevante indicar que el
número es natural, porque sabemos que es un
entero mayor o igual que 1.

Dividiremos el número entre todos los
candidatos posibles, mostrando solamente
aquellos que son divisores.

```
ingresar X
repetir para I=1 incremento 1 hasta X
   si X mod I = 0
      mostrar I
```

Simple, ¿no?
Veamos ahora una solución usando ciclos
controlados por una condición.

```
ingresar X
C=1
repetir mientras C<=X
   si X mod C = 0
      mostrar C
   C=C+1
```

También resulta simple. Debemos saber que
siempre que podamos resolver un problema con
ciclos controlados por una variable, también
lo podemos hacer con ciclos controlados por
una condición. Al revés no siempre sucede.

Nota: Los nombres de las variables son
arbitrarios y los puedo cambiar de una

solución a otra, sólo para mostrar que es un hecho irrelevante.

Determinar si un número natural es primo

Un clásico. Sabemos que un número es primo si sólo tiene dos divisores: la unidad y sí mismo.

Primero veamos el algoritmo de "fuerza bruta", que consiste en contar sus divisores. Si resulta que el resultado es 2, entonces es primo, salvo para el número 1, que tiene un solo divisor, ya que sí mismo y la unidad son la misma cosa, pero ya hace muchos años se decidió no considerarlo primo, por no cumplir otras propiedades que cumplen todos los números primos.

```
ingresar A
C=0
repetir para I=1 incremento 1 hasta A
   si A mod I = 0
      C=C+1
si C=2
      mostrar A, "es primo"
sino
      mostrar A, "no es primo"
```

Es una solución muy simple, pero ineficiente. Supongamos que el número en cuestión sea 1.000.000. Rápidamente podemos darnos cuenta que no es primo, en cuanto es divisible por 1, por 2 y por 4, sin embargo, el ciclo se ejecutará 999.996 veces de más, para decirnos algo que se determinó mucho antes.

Podemos modificar levemente el ejercicio anterior, eliminando en parte la fuerza bruta, de la siguiente manera:

```
ingresar A
C=0
I=1
repetir mientras I<=A y C<2
   si A mod I = 0
      C=C+1
   I=I+1
si C=2
   mostrar A, "es primo"
sino
   mostrar A, "no es primo"
```

Desafío: Existen algoritmos mucho más eficientes. Por ejemplo, no vale la pena buscar divisores más allá de la raíz cuadrada de un número. Construir un algoritmo que aumente la eficiencia, teniendo en cuenta esta sugerencia y otras propiedades que puedas encontrar.

Encontrar el máximo común divisor de dos números naturales

Otro de los clásicos problemas matemáticos es el de encontrar el MCD. Resulta ser el mayor número que divide a dos números. Por ejemplo, los números 100 y 150 son divisibles por 2, también por 4, y por 10, y por algunos divisores más. El mayor número que divide a ambos es 50, y ese sería el MCD.

Veamos un algoritmo que aplique poca inteligencia, pero que funcione.

```
ingresar X,Y
MCD=1
repetir para I=1 incremento 1 hasta X
    si (X mod I = 0) y (Y mod I) = 0
        MCD=I
mostrar MCD
```

Esta solución nos plantea una serie de cuestiones que vale la pena comentar:

• Llamamos MCD a la variable que va a contener el máximo común divisor. De esta manera vemos que una variable se puede llamar como uno quiera, no tenemos que limitarnos a una sola letra.
• Tomamos X y lo recorremos desde 1 hasta sí mismo con la variable I, sin tener en cuenta si X es mayor o menor que Y. En realidad, funcionalmente no hace diferencia. Si X resulta mayor que Y, buscará divisores donde seguramente no habrá, pero igual funciona. Más apropiado sería tomar el menor entre X e Y para encontrar el MCD.

En ese caso, podemos modificar el algoritmo levemente, de la siguiente manera:

```
ingresar X,Y
si X<Y
   Z=X
sino
   Z=Y
MCD=1
repetir para I=1 incremento 1 hasta Z
   si (X mod I = 0) y (Y mod I) = 0
      MCD=I
mostrar MCD
```

De esta manera, el ciclo sólo llegará hasta Z, que contiene el menor entre X e Y.

Algoritmo de Euclides para MCD

Existe otro famoso algoritmo para este problema, que aporta más inteligencia, y funciona de la siguiente manera:

```
ingresar A,B
si A<B
   X=A
   A=B
   B=X
repetir mientras B<>0
   R=A mod B
   A=B
   B=R
mostrar A
```

¿Interesante? Funciona si A es mayor que B, por lo tanto lo primero que hay que hacer es intercambiarlos si no es el caso. Luego, todo el algoritmo está resuelto en 3 pasos que se repiten.

Contar los dígitos de un número natural

Ahora comenzaremos una serie de ejercicios que resultan de "desmenuzar" los números en dígitos para hacer cosas con ellos.

Primero contaremos cuántos dígitos tiene un número natural. Es muy fácil con funciones logarítmicas, pero no tenemos en nuestra caja de herramientas ninguna de ellas.

```
ingresar K
CD=0
repetir mientras K>0
    K=K\10
    CD=CD+1
mostrar CD
```

La variable CD contendrá al final la cantidad de dígitos del número K. En cada iteración, K pierde un dígito, hasta que se hace cero. Al dividirlo por 10, y quedarnos con la parte entera, le quitamos un dígito a K.

Sumar los números de un número natural

Modificando levemente el ejercicio anterior, podemos sumar sus dígitos. Antes no nos interesaba su valor, ahora sí. Ahora no nos interesa saber su cantidad, antes sí.

```
ingresar K
SD=0
repetir mientras K>0
    D=K mod 10
    SD=SD+D
    K=K\10
mostrar SD
```

La variable SD contiene la suma de los dígitos, y las tareas dentro del ciclo son:
- Obtener un dígito, con la función mod obtenemos el último dígito.
- Sumamos el dígito obtenido.
- Luego, una vez obtenido y sumado, se lo sacamos al número K, reduciendo el número hasta que se haga cero.

Invertir un número natural

En este caso se trata de invertir el orden de los dígitos de un número natural. Si ingresamos 3285, debería dar como resultado 5823.

```
ingresar A
B=0
repetir mientras A>0
    D=A mod 10
    B=B*10+D
    A=A\10
mostrar B
```

Resultó fácil. Cada dígito que le sacamos a A, se lo agregamos a B. Al multiplicar B por 10, agregamos un cero al final, que sumado al dígito tomado de A, va componiendo el número invertido. No te olvides de hacer la prueba de escritorio, para comprender y verificar el algoritmo.

Eliminar un dígito de un número natural

Dado un número natural, eliminar todas las ocurrencias de un número dado. Si tenemos el número 45384324, y queremos eliminar el dígito 4, debería quedar 53832.

Una solución posible sería la siguiente:

```
ingresar A
ingresar DE
B=0
P=1
repetir mientras A>0
   D=A mod 10
   si D<>DE
      B=D*P+B
      P=P*10
   A=A\10
mostrar B
```

¿Explotó tu cerebro? ¿Quién es P y que hace? Obviamente en la prueba de escritorio lo descubrirás, pero la función de P es colocar el dígito en la posición correcta. Cada vez que colocamos un dígito en B, P se multiplica por 10, para que el próximo dígito se coloque por delante de los demás. De este modo A se va desarmando de atrás para adelante, y B se va construyendo de la misma forma.

Determinar el mayor dígito de un número natural

Para resolver el problema, nos basamos en que todo número natural mayor o igual a 1, por lo tanto, como mínimo un número natural tiene a su mayor dígito igual a la unidad. Si consideramos este hecho, podemos asignar un valor inicial DM=0, que seguramente será reemplazado por el primer dígito del número que obtengamos.

Recorreremos cada dígito preguntando si es mayor que el mayor dígito encontrado hasta el momento, para al final encontrar el mayor de todos.

```
ingresar A
DM=0
repetir mientras A>0
    D=A mod 10
    si D>DM
        DM=D
    A=A\10
mostrar DM
```

¿Demasiado sencillo? Podemos agregar complejidad, diciendo cuantas veces aparece el mayor dígito. Para ello agregaremos un contador que llamaremos C.

```
ingresar A
DM=0
C=0
repetir mientras A>0
   D=A mod 10
   si D=DM
     C=C+1
   sino
      si D>DM
          DM=D
          C=1
   A=A\10
mostrar DM, C
```

Obtenemos un dígito, y si resulta igual al que consideramos mayor sólo lo contamos. Si no es igual y resulta mayor, pues entonces será el nuevo dígito mayor, por lo que tendremos que almacenarlo en DM y contarlo colocando C=1, ya que es la primera vez que aparece.

Desafío: Dado un número natural, determinar si es capicúa. Recordemos que un número es capicúa si se lee de la misma manera en ambos sentidos. Con un poco de imaginación, encontrarás la solución fácilmente.

Algoritmos con listas de números

Hasta ahora resolvimos problemas con unos pocos números. Ahora veremos qué pasa con las listas de números, y los problemas asociados con ellas. En un orden más o menos creciente de complejidad, iremos recorriendo distintos algoritmos típicos. Como en el capítulo anterior, muchos de ellos forman parte de soluciones de otros algoritmos más complejos.

Muchas veces un problema de cierta dificultad se resuelve más fácil dividiéndolo en sub problemas más simples.

Cuando se trata de listas de números, que simplemente deben ser recorridas una vez, estos son algunos de los algoritmos típicos.

Calcular la suma de los elementos de una lista de N números

Es un clásico de los problemas simples que podemos encontrar con listas. Así como con variables simples comenzamos sumando números, también lo hacemos con listas. En este caso conocemos la cantidad de elementos de la lista. En el enunciado lo dice, por lo tanto es uno de los datos de nuestro problema. Es así como, en conjunto con la lista de números, constituyen los insumos para resolver el problema.

```
ingresar N
S=0
repetir para I=1 incremento 1 hasta N
   ingresar A
   S=S+A
mostrar S
```

Usando ciclos controlados por una condición quedaría de la siguiente forma:

```
ingresar N
S=0
I=1
repetir mientras I<=N
    ingresar A
    S=S+A
    I=I+1
mostrar S
```

Repito el concepto: siempre que se pueda resolver un problema usando ciclos controlados por una variable, también puede hacerse con ciclos controlados por una condición. La elección es de quien construye el algoritmo.

Calcular el promedio de una lista de N números

Muy fácilmente podemos modificar el algoritmo anterior para calcular el promedio. Simplemente dividiendo el resultado de la suma por N.

```
ingresar N
S=0
repetir para I=1 incremento 1 hasta N
    ingresar A
    S=S+A
P=S/N
mostrar P
```

Introduje este ejemplo a propósito, ya que, a lo largo de mi experiencia en clases, muchas veces he visto la siguiente versión de la solución del problema:

```
ingresar N
S=0
repetir para I=1 incremento 1 hasta N
   ingresar A
   S=S+A
   P=S/N
mostrar P
```

Esta solución es incorrecta. Si se quisiera aplicar la propiedad distributiva del cociente, debería quedar así:

```
ingresar N
S=0
repetir para I=1 incremento 1 hasta N
   ingresar A
   S=S+A/N
mostrar P
```

Encontrar el mayor elemento de una lista de N números naturales

Además de contar como datos con los elementos de la lista, sabemos dos cosas importantes: son N números y son naturales. Esto último puede influir en el algoritmo en forma notable.

Desconocemos los valores de los números de la lista, pero sabemos que son naturales. Por lo tanto, todos son enteros mayores que cero.

Para poder encontrar el mayor elemento de la lista, debemos tener un elemento de comparación para iniciar la búsqueda. Podemos tomar por ejemplo el número cero, ya que cualquier elemento de la lista será mayor.

Entonces, supondremos que el mayor es cero, luego ingresamos los elementos de la lista uno a uno, y cada vez que aparezca uno mayor, reemplazaremos la variable donde almacenamos el resultado esperado por este elemento, quedando así el algoritmo:

```
ingresar N
MAYOR=0
repetir para i=1 incremento 1 hasta N
    ingresar A
    si A>MAYOR
        MAYOR=A
mostrar MAYOR
```

Encontrar el mayor elemento de una lista de N números enteros

Este problema es muy similar al anterior, con una diferencia fundamental: ahora los números no son naturales, sino enteros. ¿Esto altera el algoritmo? La respuesta es SI.

Ya no podemos considerar como valor inicial válido al cero, porque puede darse que todos los elementos de la lista sean negativos, ninguno será mayor que cero, y terminaremos diciendo que el mayor es justamente cero, que ni forma parte de la lista, y es por lo tanto incorrecto.

Para resolver este inconveniente, debemos tomar como referencia un elemento válido. Nada mejor que tomar el primer elemento de la lista, asumir que es el mayor, y a partir de ahí recorrer el resto de la lista para ver cuál es en realidad.

```
ingresar N
ingresar A
MAYOR=A
repetir para i=2 incremento 1 hasta N
    ingresar A
    si A>MAYOR
mostrar MAYOR
```

Nótese que el ciclo comienza en I=2, ya que el primer elemento fue ingresado.

Una variante de este algoritmo, funcionalmente correcto, pero que no resulta muy claro, es el siguiente:

```
ingresar N
ingresar MAYOR
repetir para i=1 incremento 1 hasta N-1
    ingresar A
    si A>MAYOR
mostrar MAYOR
```

La instrucción "ingresar MAYOR" tiende a confundir. En realidad, se está ingresando un número, el primero de la lista, y considerarlo MAYOR, lo cual es cierto, pero tiende a crear confusiones. El otro cambio es el rango del ciclo, desde 1 hasta N-1, que es equivalente a hacerlo desde 2 hasta N, en función de la cantidad de veces que se ejecuta. De todos modos, funciona.

Este segundo algoritmo sirve tanto para números enteros como para naturales.

Encontrar el menor elemento de una lista de N números enteros

En el caso del menor elemento, funciona exactamente igual. Si fueran números naturales no podríamos comenzar suponiendo que el menor es cero, porque nos daría como resultado justamente cero, y sería incorrecto.

```
ingresar N
ingresar A
MENOR=A
repetir para i=2 incremento 1 hasta N
    ingresar A
    si A>MENOR
        MENOR=A
mostrar MENOR
```

Todo en uno: Mostrar el menor, el mayor y el promedio de una lista de N números enteros

Ahora pongamos todo junto, en un solo algoritmo, calculando todo de una sola pasada.

```
ingresar N
ingresar A
MAYOR=A
MENOR=A
S=A
repetir para i=1 incremento 1 hasta N
   ingresar A
   si A>MAYOR
      MAYOR=A
   sino
      si A>MENOR
         MENOR=A
   S=S+A
PROMEDIO=S/N
Mostrar MAYOR, MENOR, PROMEDIO
```

En este caso, el primer "ingresar A" corresponde también al ingreso del primer elemento de la lista. En consecuencia, resulta que hasta el momento resulta ser el mayor, el menor y la suma, porque solo tenemos un elemento conocido.

Buscar un elemento en una lista

Otro problema habitual resulta el de encontrar un elemento dentro de una lista. Al no decir nada el enunciado, supondremos que los números son de cualquier tipo y que la lista está desordenada.

Los datos con los que contamos son: la cantidad de elementos de la lista, la lista de números y el número buscado.

Una primera solución podría construirse recorriendo toda la lista, preguntando para cada número si es igual al buscado que llamaremos X. Al final del recorrido "algo" me tendría que avisar que eso sucedió o no, o sea, si el número buscado está o no. Para ello usaremos una variable cualquiera, que usaremos como testigo o bandera. Esa variable comenzará en cero, y si encontramos el número buscado, la pondremos en 1. Al final preguntaremos por el valor de esa variable, y así sabremos si el número buscado está o no está.

Prestar atención a la condición a la salida del ciclo.

```
ingresar X
ingresar N
B=0
repetir para I=1 incremento 1 hasta N
   ingresar A
   si A=X
      B=1
si B=0
   mostrar X, "no está en la lista."
sino
   mostrar X, "está en la lista."
```

Entonces, si alguna vez resulta que A=X, B cambia de valor a 1, indicando que está el número buscado.

El uso de variables como banderas es muy común, pero casi siempre evitable. Es un recurso del que no abusaría, porque casi siempre está asociado a algoritmos no del todo eficientes.

Parece simple, pero como dije en el párrafo anterior, no resulta eficiente porque aunque lo hayamos encontrado, el algoritmo seguirá buscando hasta el final innecesariamente.

Si queremos más eficiencia, deberíamos eliminar esa bandera, y simplemente terminar cuando encontremos el número buscado.

```
ingresar X
ingresar N
ingresar A
C=2
repetir mientras (C<=N) y (X<>A)
   ingresar A
   C=C+1
si X=A
   mostrar X, "está en la lista."
sino
   mostrar X, "no está en la lista."
```

El contador C comienza en 2 porque ya ingresamos el primer elemento de la lista y el que sigue es el segundo.

¿Cuántas veces se encuentra un número dado en una lista de N números?

Ahora no solamente debemos buscar el elemento que llamamos X, sino también contar cuantas veces aparece dentro de la lista. Para ello indefectiblemente debemos recorrer toda la lista, porque no basta saber si está, sino también decir cuántas veces se encuentra.

```
ingresar X
ingresar N
C=0
repetir para I=1 incremento 1 hasta N
    ingresar A
    si A=X
        C=C+1
si C=0
    mostrar X, "no está en la lista."
sino
    mostrar X, "está en la lista."
```

Se parece mucho a la primera versión de búsqueda con bandera, sólo que aquí usamos un contador para saber la cantidad de ocurrencias del número buscado. Claramente si esa cantidad es cero, no lo hemos encontrado.

Desafío: Obtener el promedio de los elementos de una lista de N números, que se encuentren dentro del intervalo [A,B].

Algoritmos con listas almacenadas

Ya vimos varios ejemplos con listas de números que simplemente recorríamos una sola vez.

Como vimos anteriormente, cuando necesitamos acceder a los datos de una lista varias veces, o a cualquier elemento en cualquier orden, es necesario almacenar la lista en un vector.

A continuación veremos entonces, un conjunto de problemas típicos, que requieren variables indizadas, y sus correspondientes algoritmos que los resuelven.

Dada una lista de N números, mostrarla en orden inverso

Este problema consiste en invertir una lista. Por ejemplo, si la lista dada es (3,5,8,2) el resultado será (2,8,5,3).

Como solamente se pide mostrarla en orden inverso, no hace falta modificar el vector, sino simplemente mostrarla al revés.

```
ingresar N
repetir para I=1 incremento 1 hasta N
   ingresar A[I]
repetir para I=N incremento -1 hasta 1
   mostrar A[I]
```

Podemos también "jugar" con los valores de los subíndices, obteniendo el mismo resultado.

```
ingresar N
repetir para I=1 incremento 1 hasta N
    ingresar A[I]
repetir para J=1 incremento 1 hasta N
    mostrar A[N-J+1]
```

Ahora si el problema requiere invertir la lista, podemos copiarla sobre otra...

```
ingresar N
repetir para I=1 incremento 1 hasta N
    ingresar A[I]
    B[N-I+1]=A[I]
repetir para I=1 incremento 1 hasta N
    mostrar B[I]
```

De este modo quedará la lista original en el vector A, y la lista invertida en el vector B.

También podríamos invertir la lista sobre si misma. Esto lo podemos hacer intercambiando el último elemento con el primero, el anteúltimo con el segundo, y así sucesivamente, hasta llegar a la mitad de la lista.

```
ingresar N
repetir para I=1 incremento 1 hasta N
    ingresar A[I]
repetir para I=1 incremento 1 hasta N\2
    X=A[I]
    A[I]=A[N-I+1]
    A[N-I+1]=X
repetir para I=1 incremento 1 hasta N
    mostrar A[I]
```

En conclusión, y para ser reiterativo, ya hemos visto cuatro maneras distintas de resolver problemas similares. Obviamente sabemos que existen muchos algoritmos posibles y correctos que resuelven el mismo problema, usando el mismo conjunto de tareas elementales, para que un mismo sujeto las pueda ejecutar.

Vectores como conjuntos

Podemos representar conjuntos a través de vectores con algunas restricciones. Sabemos que en un conjunto no existe orden de sus elementos, y en un vector cada elemento tiene una posición determinada. Existe indefectiblemente un elemento en la posición 1, otro en la 2, y así sucesivamente. Por otro lado, en un conjunto no existen los elementos repetidos, y en un vector perfectamente podría haber. Igualmente, dejando de lado estas diferencias, podemos pensar que un conjunto puede ser representado a través de un vector.

Veremos a continuación, como realizar operaciones con conjuntos, usando vectores.

Unión de conjuntos

Dados dos conjuntos A y B de M y N elementos respectivamente, construir otro conjunto C con los elementos de A y de B. Teniendo en cuenta que son conjuntos, sabemos que no existen elementos repetidos en A ni en B, pero sí pueden haber elementos repetidos entre ellos. En C, al ser un conjunto, en caso de existir elementos repetidos, sólo debería ingresarse una vez. El procedimiento que vamos a seguir comenzará por copiar todos los elementos de A a C, y a continuación copiar los elementos de B a C, siempre que sean diferentes a los ya copiados. Usaremos la variable Q para contar cuántos elementos tendrá C.

```
ingresar M
repetir para I=1 incremento 1 hasta M
   ingresar A[I]
   C[I]=A[I]
ingresar N
Q=M
repetir para I=1 incremento 1 hasta N
   ingresar B[I]
   J=1
   repetir mientras (J<=Q) y (B[I]<>C[J])
      J=J+1
   si B[I]<>C[J]
      Q=Q+1
      C[Q]=B[I]
repetir para I=1 incremento 1 hasta Q
   mostrar C[I]
```

En el algoritmo precedente se trató de optimizar un poco el uso de los ciclos. Por ello, al momento de ingresar el vector A, fue copiado simultáneamente en el vector C, y por cada elemento de B ingresado, se lo agregó a C en caso de corresponder.

Intersección de conjuntos

Dados dos conjuntos A y B, de M y N elementos respectivamente, construir un conjunto C, con los elementos de A que también se encuentren en B.

Como en el ejemplo anterior, usaremos la variable Q para contar los elementos de C.

Esta vez lo haremos paso a paso. Ingresaremos el conjunto A, luego el conjunto B, y sin mezclar los procesos, y una vez ingresados ambos conjuntos, construiremos el conjunto C.

```
ingresar M
repetir para I=1 incremento 1 hasta M
   ingresar A[I]
ingresar N
repetir para I=1 incremento 1 hasta N
   ingresar B[I]
Q=0
repetir para I=1 incremento 1 hasta M
   J=1
   repetir mientras (J<=N) y (A[I]<>B[J])
      J=J+1
   si A[I]=B[J]
      Q=Q+1
      C[Q]=A[I]
repetir para I=1 incremento 1 hasta Q
   mostrar C[I]
```

Desafío de conjuntos: Dados dos conjuntos A y B, de M y N elementos respectivamente, construir un conjunto C, como la diferencia entre A y B, o sea, los elementos de A que no estén en B.

Ordenando listas o vectores

Otro de los clásicos problemas, que generalmente encontramos dentro de otros problemas mayores, es el de ordenar una lista, ya sea de menor a mayor o de menor a mayor.

Uno de los algoritmos más simples, pero no del todo eficiente, consiste en comparar el primer elemento de la lista con el resto, y cada elemento menor que encontremos lo intercambiando, dejando siempre en el primer lugar el menor. Una vez terminado el recorrido de la lista, tendremos el menor elemento en la posición 1. Luego hacemos lo mismo con el siguiente elemento, el de la posición 2, y así sucesivamente hasta el penúltimo, obteniendo al fin la lista ordenada de menor a mayor.

Entonces el problema quedaría formulado de la siguiente manera: Dada una lista de N números, ordenarla de menor a mayor.

```
ingresar N
repetir para I=1 incremento 1 hasta N
    ingresar A[I]
repetir para I=1 incremento 1 hasta N-1
    repetir para J=I+1 incremento 1 hasta N
        si A[J]<A[I]
            X=A[I]
            A[I]=A[J]
            A[J]=X
repetir para I=1 incremento 1 hasta N
    mostrar A[I]
```

Búsqueda binaria

Anteriormente vimos como buscar un elemento dentro de una lista desordenada. Los métodos usados, también son aplicables para listas ordenadas, pero no serían tan eficientes.

Si queremos buscar una palabra en un diccionario, podemos tomar ventaja del orden, y de hecho lo hacemos.

Sin querer particionamos el espacio de búsqueda reduciéndolo rápidamente a unas pocas páginas. Si las palabras estuvieran desordenadas no nos quedaría otra solución que leerlas a todas, hasta encontrar la buscada.

El método de búsqueda binaria, consiste en partir sucesivamente el espacio de búsqueda al medio, hasta encontrar lo que buscamos. Sólo funciona para elementos que se encuentran ordenados.

En este algoritmo vamos a usar una variable I para determinar el elemento de la izquierda de nuestro espacio de búsqueda, la variable D para determinar el elemento de la derecha de nuestro espacio de búsqueda y la variable M, para indicar el punto medio de dicho espacio.

Contamos como datos, una lista ordenada de N números, y un número buscado que llamaremos X.

En principio I será igual a 1 y D será igual a N.

Calculamos el punto medio M, preguntamos si el elemento buscado se encuentra allí, y si no, desplazamos alguno de los extremos de búsqueda según corresponda, al igual que cuando buscamos una palabra en el diccionario, cuando lo abrimos en una página podemos descartar todas las páginas a la izquierda o a la derecha según determinemos donde se podría encontrar la palabra buscada.

Si en algún momento la variable I toma un valor superior a D, significa que nuestros límites se cruzaron, y el elemento buscado no se encuentra.

Teniendo en cuenta todo esto, el algoritmo quedaría de la siguiente forma.

```
ingresar N
repetir para I=1 incremento 1 hasta N
    ingresar A[I]
ingresar X
I=1
D=N
M=(I+D)\2
repetir mientras (X<>A[M]) y (I<=D)
    si X>A[M]
        I=M+1
    sino
        D=M-1
    M=(I*D)\2
si X=A[M]
    mostrar X, "está en la posición", M
sino
    mostrar X, "no está en la lista"
```

Desafío: Dadas dos listas ordenadas A y B, de tamaño M y N respectivamente, construir una lista C, de tamaño M+N, tomando los elementos de A y de B según corresponda para que quede ordenada.

Conclusiones

A lo largo de estas páginas vimos una serie de ejercicios de diferente complejidad, con el objetivo mostrarte algunas soluciones a problemas clásicos que podemos encontrarnos cuando trabajamos con números. La intención fue que te familiarices con ciertos algoritmos, que los comprendas a través de las pruebas de escritorio, y que te sirvan de entrenamiento para que puedas crear los tuyos propios. Por eso quise proponerte desafíos en determinados puntos de tu lectura. Me gustaría que compartas tus experiencias, el resultado de tus desafíos, y tus opiniones acerca de lo que pudiste ver en estos algoritmos, al correo marianofeedback@gmail.com y te invito, si no lo hiciste hasta ahora a leer "Algoritmos a tu alcance", en donde encontrarás los fundamentos de la resolución de problemas, y además podrás ver las herramientas necesarias para programar tus algoritmos en un subconjunto del lenguaje Python, y así ejecutarlos en tu computadora o en tu teléfono móvil.

Practicar es la clave para aprender a construir algoritmos, cada vez más fácilmente y con mayor eficiencia.

www.ingramcontent.com/pod-product-compliance
Lightning Source LLC
Chambersburg PA
CBHW071028050326
40689CB00014B/3572